1883 23-24 mai

COLLECTION

Victor POLLET

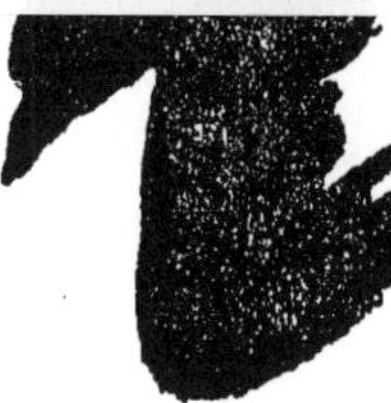

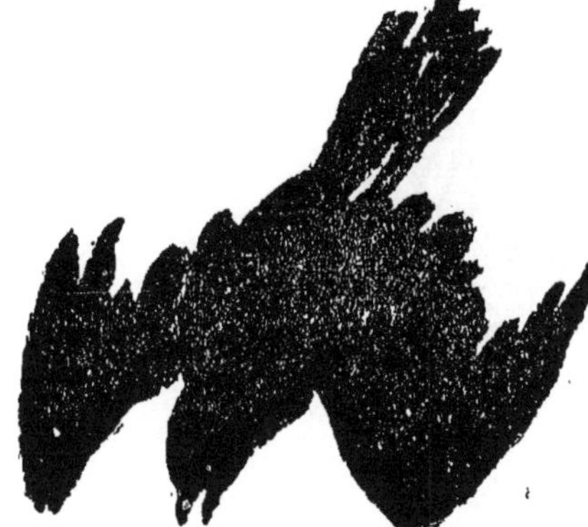

OBJETS D'ART DE LA CHINE ET DU JAPON

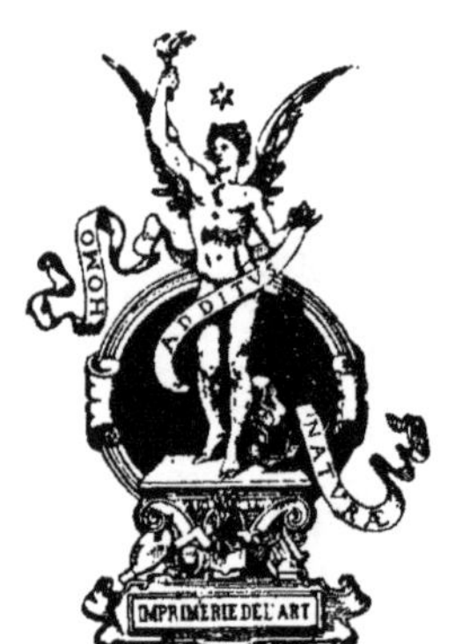
HOMO
ADDITVS
NATVRÆ
IMPRIMERIE DE L'ART

CATALOGUE

DES

OBJETS D'ART

DE LA CHINE ET DU JAPON

Sculptures en bois et en ivoire
Porcelaines — Faïences — Grès — Laques — Bronzes
Suite intéressante de Netzkés

DESSINS ET ALBUMS

Composant la Collection de feu M. VICTOR POLLET

ET DONT LA VENTE AURA LIEU

HOTEL DROUOT, SALLE N° 5

Les Mercredi 23 et Jeudi 24 Mai 1883, à 2 heures

COMMISSAIRE-PRISEUR
Me PAUL CHEVALLIER, Succr de Me CH. PILLET
10, rue de la Grange-Batelière, 10

EXPERT
M. CHARLES MANNHEIM
7, rue Saint-Georges, 7

Chez lesquels se trouve le présent Catalogue.

EXPOSITION PUBLIQUE
Le Mardi 22 Mai 1883, de 1 heure à 5 heures.

CONDITIONS DE LA VENTE

La vente aura lieu expressément au comptant.

Les acquéreurs payeront en sus des enchères *cinq pour cent* applicables aux frais.

L'exposition mettant le public à même de se rendre compte de l'état des objets, aucune réclamation ne sera admise une fois l'adjudication prononcée.

PARIS. — IMPRIMERIE DE L'ART, J. ROUAM, imprimeur-éditeur,
41, rue de la Victoire.

VICTOR POLLET

LA collection dont ce catalogue donne la nomenclature avait été formée par un artiste, M. Victor Pollet, pour sa jouissance personnelle, et c'est seulement par suite de son décès qu'elle va être dispersée.

M. Victor Pollet était comme graveur et comme aquarelliste fort connu dans le monde des arts. Nous extrayons quelques détails biographiques d'un article publié sur lui par M. Charles Clément, dans le *Journal des Débats* du 14 décembre 1882.

« Victor Pollet était né à Paris en

1811. Il entra de bonne heure chez Paul Delaroche, où il fit de très sérieuses études. Il s'était déjà fait connaître par plusieurs planches d'après MM. Chenavard, Tony Johannot et quelques autres artistes de l'époque, lorsqu'en 1838 il remporta le grand prix de gravure. Ce n'est pourtant pas de cette branche de l'art qu'il s'occupa particulièrement en Italie. Il s'attacha surtout à l'étude des anciens, et c'est alors qu'il fit à l'aquarelle ses belles copies du *Joueur de violon* de Raphael, de l'*Amour sacré* et de l'*Amour profane* et de la *Vénus* du Titien. Plus tard, il exécuta par le même procédé le portrait de Mlle Lefebvre, de l'Opéra-Comique, et de la *Vénus Anadyomène*, d'Ingres, qui reproduit ce célèbre tableau sous son jour le plus favorable. Vers 1850, il revint à la gravure et fit quelques très belles planches d'après la *Jeanne d'Arc*, d'Ingres; le *Bonaparte en Italie*, de Raffet; les portraits de l'empereur et de l'impératrice, de Winterhalter. Il avait entrepris et poussé assez loin l'exécution d'une planche d'après la *Vénus* d'Ingres, dont j'ai parlé, mais le travail du burin, qu'il comprenait pourtant si bien, le fatiguait et l'ennuyait, et il abandonna cet ouvrage et la gravure elle-même. A l'Exposition universelle de 1855, où l'on avait réuni un nombre considérable de ses pièces gravées et de ses aquarelles, il obtint un véritable succès et se plaça, aux yeux des artistes et des connaisseurs sérieux, à un rang très élevé où il s'est maintenu jusqu'à la fin. »

Cet artiste éminent, versé dans l'étude de l'art italien et de l'art français à leurs belles époques, s'était senti puissamment attiré, dans les dernières années de sa vie, vers l'art de l'Extrême Orient. Il n'avait point cru que les productions des artistes japonais fussent de simples bibelots, il y avait vu au contraire des objets d'art, parfaits dans leur genre, dignes de figurer dans son cabinet à côté des gravures et des dessins des grands maîtres européens.

M. Pollet avait une prédilection particulière pour les laques et les netzkés. Ces deux sortes d'objets, réunis par lui, à la suite d'une étude approfondie et d'incessantes recherches, forment comme le corps de sa collection. Les personnes qui aiment les laques et les netzkés trouveront donc dans la présente vente une occasion unique d'enrichir leurs collections de pièces d'une qualité et d'un précieux tout à fait exceptionnels.

La collection Pollet se complète par des spécimens de céramique variés, chinois et japonais, par des manches de couteaux et gardes de sabre en métal ciselé, par des albums, cartons de dessins et autres objets divers.

DÉSIGNATION DES OBJETS

PORCELAINES DE CHINE

1 — Bouteille à corps sphérique et col cylindrique, porcelaine blanche à décor gaufré en relief de rinceaux fleuris et bordure ornementale ; autour du col, couronne de feuilles d'eau dressées.

Pied en bois de fer sculpté.

Haut., 33 cent. Diam., 205 millim.

2 — Bouteille à panse sphérique et col droit. Céladon bleu turquoise finement truité, à décor gravé dans la pâte : fleurs et feuillages de lotus. Le col est garni d'une monture en cuivre gravé.

Haut., 33 cent. Diam., 19 cent.

3 — Gargoulette à panse large surbaissée, à col droit, se terminant par un bourrelet; couverte flambée de rouge et de bleu.

Pied en bois de fer sculpté.

Haut., 32 cent. Diam., 23 cent.

4 — Vase en forme de balustre à panse ovoïde et à col évasé; couverte vert émeraude très finement craquelée.

Pied en bois de fer sculpté.

Haut., 35 cent. Diam., 21 cent.

5 — Petit vase forme balustre, col légèrement évasé et cerclé à sa base. Céladon bleu turquoise finement truité.

Haut., 15 cent. Diam., 85 millim.

6 — Vase doléiforme à douze lobes, arêtes alternativement intérieures et extérieures, renflé à la partie supérieure, en céladon bleu turquoise.

Haut., 143 millim.

7 — Petit vase en forme de balustre à piédouche et col légèrement évasé à l'ouverture, soufflé de vert et de bleu.

Haut., 16 cent. Diam., 8 cent.

8 — Petit vase à panse surbaissée, col cylindro-conique évasé à l'ouverture, couverte flambée rouge rubis.

Pied en bois sculpté, très finement découpé.

Haut., 20 cent. Diam., 125 millim.

9 — Petite bouteille piriforme à piédouche, décor de fleurs et de feuilles en bleu foncé sous couverte; autour du col, fleurs dressées.

Haut., 14 cent. Diam., 75 millim.

10 — Petite bouteille de forme surbaissée, col renflé à la partie supérieure, beau blanc de Chine, décorée d'un dragon en relief.

Pied en bois découpé et ajouré.

Haut., 15 cent. Diam., 85 millim.

11 — Petite bouteille piriforme à double renflement, bouchon métallique se vissant à la partie supérieure, décor bleu, bouquet de fleurs et feuillages.

Haut., 20 cent. Diam., 95 millim.

12 — Petite bouteille de forme ovoïde à col très étroit, couverte bleu foncé.

Haut., 15 cent. Diam., 85 millim.

13 — Bouteille en forme de balustre, col cylindro-conique renflé à la partie supérieure, couverte d'un très beau noir.

Haut., 146 millim. Diam., 92 millim.

14 — Vase bursaire à piédouche, de forme aplatie, à deux anses latérales soutenant des anneaux mobiles, décor de bouquets de fleurs de chrysanthèmes, en bleu sur blanc, caractère chinois de chaque côté du col.

Haut., 134 millim. Diam., 80 millim.

15 — Vase lobé à huit côtes, légèrement aplati, ouverture ovoïde, décor polychrome représentant des rochers, des arbres, des fleurs, des papillons et des oiseaux; en dessous, un cachet carré indiquant que cette pièce est de fabrication japonaise.

Haut., 13 cent.

16 — Petite bouteille en forme de balustre, col cylindrique à ouverture évasée, couverte céladon, tachée d'un flambé rubis.

Haut., 72 millim.

17 — Petite bouteille de forme sphérique, col très court et très étroit, fermé par un bouchon

en forme de capsule, décor mi-partie vert camélia et aubergine très finement craquelé.

Haut., 70 millim. Diam., 72 millim.

18 — Petite tasse à cinq lobes, décor ornementé de rosaces et d'une bordure festonnée à lambrequins en or, sur fond bleu foncé ; intérieur émaillé vert d'eau.

Haut., 53 millim. Diam., 77 millim.

19 — Petit vase sphérique à bords rentrants, fond blanc, décors de chrysanthèmes et feuilles ornementales en rouge de cuivre.

En dessous, un cachet de la période de Khang-hy, 1662-1722.

Haut., 72 millim. Diam., 10 cent

20 — Petite soucoupe fond bleu fouetté, décorée au centre d'un panier de fleurs.

Diam., 114 millim.

21 — Très beau petit plateau jaune impérial, décoré à l'intérieur de deux dragons à cinq griffes, gravés et émaillés vert et violet ; à l'extérieur, décor de feuilles de raisin; en dessous, cachet à six caractères, indiquant la période de Khang-hy, 1662-1722.

Diam., 13 cent.

22 — Petite coupe à décor bleu, à réserves, formant un décor de trois enfants et fleurs; en dessous, un cachet à six caractères, indiquant la période de Kia-tsing, 1522-1567.

Diam., 93 millim.

23 — Petit brûle-parfums en forme de crapaud, peau chagrinée, décor émaillé vert.

Larg., 110 millim.

24 — Deux petites potiches en forme de balustre, décor d'arbustes, fleurs et oiseaux.

Haut., 28 cent. Diam., 13 cent.

25 — Vase forme losange, céladon craquelé, décoré de fleurs et arbustes.

Haut., 26 cent.

26 — Potiche à panse sphérique, décor en émaux de la famille verte à fleurs et oiseaux, couvercle en bois découpé à jour, surmonté d'un bouton en agate.

Haut., 30 cent. Diam., 195 millim.

27 — Plat de la famille verte, décoré au centre d'un paysage et d'animaux sacrés; au pourtour, deux médaillons avec décors variés.

Au-dessous, marque à la feuille.

Diam., 365 millim.

PORCELAINES ET FAIENCES DU JAPON

28 — Brûle-parfums en forme de chimère en porcelaine d'Imari; la partie inférieure représente un rocher entouré de plantes et de feuillages polychromes.

Haut., 29 cent.; larg., 15 cent.

29 — Faïence de Kutani. Coupe de forme oblongue sur piédouche et à une anse, décorée de fleurs et de chimères émaillées, violet et vert sur fond jaune.

Haut., 8 cent.; larg., 19 cent.

30 — Faïence de Kioto. Petit plateau rond décoré au centre d'un lutteur vu à mi-corps, dessiné au trait avec sa ceinture laquée brun, couverte d'ornements finement gravés et dorés, le fond est laqué d'un très beau rouge. Il est garni d'un manche en laque ciselé.

Diam., 18 cent.

31 — Porcelaine d'Imari. Vase en forme de balustre renversé à col droit évasé, décoré de trois médaillons de fleurs de pivoine, chrysanthèmes et fleurs de pêcher.

Haut., 315 millim.

32 — Grès émaillé de Tokio. Japon. Aigle perché sur un rocher, très belle pièce d'un grand caractère.

Haut., 37 cent.

33 — Grès de Bisen. Japon. Grue posée sur un tronc d'arbre ; pièce très fine et d'une très belle qualité.

Haut., 39 cent.

34 — Faïence de Satzuma. Japon. Un singe tient dans ses bras la tête d'un cheval couché, entre les jambes duquel sont réfugiés un coq et une poule. Pièce d'une expression remarquable, très ancienne et fort rare.

35 — Faïence de Satzuma. Japon. Bol ovoïde décoré de trois médaillons, ornements polychromes à rehauts d'or sur un fond de mosaïque et fleurettes ; à l'intérieur bordures ornementales.

Haut., 8 cent. Diam., 11 cent.

36 — Faïence de Kioto. Bol évasé, décor à personnages polychromes sur fond biscuit.

Pièce signée.

Diam., 12 cent.

37 — Faïence craquelée de Kioto. Bol évasé, décor l'Olympe japonais ; au-dessous, cachet en creux.

38 — Faïence craquelée de Kioto. Théière sphérique décorée d'un éléphant à côté duquel se tient un personnage très finement émaillé ; au revers, bouquets de feuillages et fleurs en émaux, verts, anse en bambou tressé.

39 — Faïence craquelée de Kioto. Bouteille en forme de gourde très finement craquelée, décorée de chrysanthèmes en couleur, pièce très ancienne ; au-dessous, un cachet gravé en creux.

Haut., 22 cent.

40 — Faïence de Kioto. Boîte décorée d'éventails sur fond d'émail vert d'eau. Pièce très ancienne.

Signée et portant, en dessous, un cachet en creux.

41 — Faïence craquelée de Kioto. Bol évasé, décoré en brun de poissons arrêtés par des filets audessus desquels planent des oiseaux.

Diam , 14 cent.

42 — Faïence de Kutani. Coupe en forme de fruit, décor rouge et or ; une femme joue d'un instrument de musique.

En dessous, un cachet.

Diam., 18 cent.

43 — Faïence du Japon. Petit plat rond émaillé vert et décoré d'une grue et de feuillages.

Diam., 19 cent.

44 — Porcelaine de Bishiu. Plateau rectangulaire à bords évasés et ondulés, décoré au centre de guerriers rouges et or, au pourtour d'ornements bleus et or, et aux angles de papillons rouges et or.

Long., 28 cent.; larg., 21 cent.

45 — Faïence de Kutani. Petit plat long aux extrémités arrondies, décoré de très beaux émaux polychromes.

Au-dessous un cachet.

46 — Faïence de Koro. Écran porte-pinceaux; sur une face : trois petits enfants en relief réservés en brun sur fond émaillé vert.

47 — Pierre schisteuse. Petit écran à décor d'arbres et personnages en relief; monture en bois.

48 — Grès de Soma. Bouteille en forme de cloche émaillée vert, décorée d'un poisson remontant une cascade en bas-relief.

Haut., 18 cent.

49 — Grès de Takatori. Petite tasse de forme cylindrique, décorée d'armoiries aux armes des Taïcoun en émail bleu de ciel. Pièce très ancienne.

Diam., 78 millim.

50 — Grès de Karatzu. Petit pot à poudre de thé émaillé brun marbré, couvercle en ivoire.

51 — Grès de Mito. Petite tasse en forme de mortier émaillée vert et blanc. Pièce très ancienne.

52 — Faïence de Midzu-iré. Petite bouteille à eau décorée d'attributs en relief émaillés en couleur.

Au-dessous un cachet en creux. Pièce très ancienne.

53 — Terre de Kozan. Théière de forme sphérique surbaissée, anse en terre, décorée en émaux bleus en relief sur fond brun.

54 — Terre de Kioto. Statuette représentant le grand prêtre Yin-Yo.

Cette pièce a été faite par lui-même ainsi que le constate une inscription gravée à l'intérieur. Pièce ancienne.

55 — Faïence de Kutani. Petite théière de forme carrée très finement décorée en émaux polychromes.

Pièce très fine.

56 — Faïence de Niusé. Porte-bouquets en forme d'écran décoré d'un dragon en relief émaillé en couleur.

Belle pièce ancienne.

57 — Grès brun de Bisen. Petit porte-bouquets en forme d'applique : un Enfant grimpant après un arbre.

58 — Faïence de Delft. Grand vase à panse renflée, décor bleu à fleurs arabesques.

BRONZES

59 — Bronze. Deux crabes finement ciselés, formant presse-papier.

60 — Bronze niellé d'argent. Brûle-parfums en

forme de poisson; sur son dos un personnage dépliant un manuscrit.

61 — Oiseau sur une branche; la base est formée par une fleur de campanule.

62 — Petit brûle-parfums, formé d'un canard perché sur un rocher.

63 — Petit oiseau en bronze doré, posé sur une branche de pêcher; pièce très fine.

64 — Petit groupe formé de deux petits personnages debout; très belle qualité.

65 — Petite règle en bronze, surmontée d'un dragon en ronde bosse.

66 — Presse-papier formé d'une branche de bambou en bronze incrusté d'argent.

67 — Brûle-parfums en bronze, représentant Confucius debout, tenant un sceptre.

68 — Pitong en bronze repoussé, très finement ciselé, décoré de paysages, rehaussé dans

certaines parties de très beaux émaux. Cette pièce très fine et très rare était très estimée de M. Pollet, qui s'en servait comme porte-pinceaux.

69 — Bronze doré. Statuette de personnage debout. Ses vêtements sont décorés de parties ciselées. Ancien bronze chinois.

70 — Deux vases en forme de balustre, en bronze, à décor de feuillages rouges sur fond brun et de papillons dorés, très belle patine. Pièces signées.

Haut., 23 cent.

71 — Vase en bronze taché d'or à panse surbaissée et à col évasé; deux fruits et des feuillages forment les anses.

Haut., 255 millim.

72 — Vase en bronze, en forme de balustre quadrangulaire aplati, décoré d'oiseaux et de caractères sacrés ciselés et gravés.

Haut., 355 millim.

73 — Théière en bronze en forme de gourde, avec couvercle surmonté d'une chimère.

74 — Brûle-parfums reposant sur trois pieds à têtes chimériques et couvercle à jour, surmonté d'une chimère assise. Les anses sont surélevées.

SCULPTURES EN BOIS DU JAPON

75 — Statuette représentant un bonze debout en bois très finement sculpté et laqué or. Socle en bois sculpté simulant des rochers.

76 — Bois naturel. Boîte en bois de Kiaki de forme contournée ; sur le couvercle, décor de paysage laque d'or et de couleur ; au pourtour, fleurs et ornements sculptés en relief. Pièce très fine.

77 — Bois. La déesse Kouan-in accroupie sur une fleur de lotus et sur un socle élevé avec nimbe en bois sculpté et doré.

Hauteur totale, 67 cent.

78 — Bois. Personnage accroupi ; devant lui un vase et une chaussure. Très vieille pièce, très belle d'expression.

79 — Bois. Femme assise sur un fagot ; elle tient une pipe en ivoire.

80 — Bois. Statuette représentant le dieu de la guerre tenant un sabre. Pièce finement sculptée.

Signée.

81 — Bois. Jolie statuette de guerrier, tenant une lance renversée. Très finement gravée.

82 — Bois. Une déesse sort d'un tronc d'arbre, un vase est à côté d'elle. Pièce remarquable et fort rare.

83 — Bois. Petite divinité debout sur un dragon.

84 — Bois. Pièce en bois de Kiaki. Un personnage porte une petite femme sur ses épaules.

85 — Bois sculpté. Petite femme portant un manuscrit de la main droite et un parasol de la main gauche.

86 — Bois sculpté. Netzké formé de deux très beaux masques.

87 — Bois sculpté. Femme accroupie, vêtue d'une robe très finement gravée.

Signé.

88 — Bois sculpté. Personnage accroupi, la tête reposant sur ses deux bras.

89 — Bois sculpté. Femme sculptée dans un fruit, dont la tête et la moitié du corps se détachent en haut-relief.

90 — Bois sculpté. Lion fabuleux en bois de Kiaki.

Pièce signée.

91 — Bois sculpté. Divinité accroupie, très finement sculptée ; à ses oreilles pendent deux anneaux d'ivoire.

Pièce signée : *Kat-si-yama.*

92 — Bois sculpté. Petit netzké en forme de bouton évidé, sculpté et laqué en couleur à figure.

93 — Bois sculpté. Cloche très finement gravée, un personnage, tenant d'une main la chimère qui décore l'attache supérieure de la cloche, vient la frapper avec un marteau.

Pièce signée.

94 — Bois. Même sujet que le précédent ; très finement gravé.

Pièce signée.

95 — Bois. Petit personnage accroupi, finement modelé.

96 — Bois. Lion fabuleux tenant une boule entre ses pattes, une autre petite boule circule dans sa gueule.

Signé : *Kmoku-Yosai.*

97 — Bois. Petit personnage accroupi, tenant un pinceau de la main droite.

98 — Bois. Personnage masqué, tenant un éventail de la main droite.

Signé : *Neso-Ori.*

99 — Bois. Sirène enlacée par une pieuvre. Pièce très fine.

Signée.

100 — Bois. Petit personnage accroupi et bâillant.

Signé : *Tohi-Ari.*

101 — Bois. Enfant à califourchon sur une outre.

Pièce signée.

102 — Bois. Une femme et un enfant auprès d'un baquet.

Pièce signée.

103 — Bois. Sculpteur riant en voyant le masque qu'il vient de tailler.

Pièce signée : *Tohi-Ari.*

104 — Bois. Divinité tenant un écran d'une main et de l'autre portant une outre.

Pièce signée : *Kat-si-Yama.*

105 — Bois. Éléphant fantastique. Très belle pièce ; les défenses sont en ivoire et les yeux en écaille.

Pièce signée : *Tomo-Shika.*

106 — Bois. Une guenon très finement sculptée, avec yeux en écaille, tient une de ses pattes dans sa gueule.

Pièce signée : *Shihi-Kivo.*

107 — Bois. Le Dieu de la longévité debout.

Pièce signée.

108 — Bois. Petit personnage accroupi, tenant un pinceau.

Pièce signée.

109 — Singe assis, expression de figure très remarquable.

110 — Bois. Un animal fantastique, couvert d'une ceinture de roseaux, tient entre ses pattes une coquille.

Pièce signée : *Shihi-Kivo.*

111 — Bois. Petite femme assise sur un fagot.

Pièce signée.

112 — Bois. Le Dieu de la longévité tenant dans sa main son bâton de voyage, une grue est près de lui.

113 — Bois. Tortue au repos, cette pièce est creusée à l'intérieur, carapace mobile.

114 — Bois. Buffle au repos, les yeux laqués or.

115 — Bois. Loup tenant entre ses pattes une tête de mort.

116 — Bois. Tokoutaro, écrasé sous une grêle de pois d'or, s'abrite sous son bouclier.

117 — Bois. Petite tortue.

Pièce signée.

118 — Bois. Un démon, recevant des pois, s'arrache les cheveux de douleur.

Pièce signée.

119 — Bois. Le Dieu Sho-ti, tenant un diable d'une main, le menace de l'autre avec son sabre.

Pièce signée : *Hio-Gu.*

120 — Bois. Personnage sur un éléphant ; très belle pièce.

121 — Bois. Diable assis sur une outre, tenant en main un écran. Pièce très fine.

Pièce signée.

122 — Bois. Petit éléphant debout. Très fin.

123 — Bois. Personnage appuyé sur un bâton, yeux en écaille.

Pièce signée.

124 — Bois. Le diable, portant un tambour sur ses épaules, fait sortir des nuages de sa besace. Pièce très fine.

125 — Bois. Crapaud fantastique, couvert d'une carapace de tortue, est pris par un pied dans un coquillage.

Pièce signée : *Shihi-Kivo.*

126 — Bois. Petite barque portant une maison avec des personnages. Pièce très fine.

Signée : *Tohi-Nao.*

127 — Bois. Petit personnage, le visage couvert d'un masque d'ivoire. Travail très fin.

Pièce signée.

128 — Bois. Petit masque grotesque.

129 — Bois. Enfant accroupi faisant tourner une toupie. Pièce très finement sculptée.

Signée.

130 — Bois. Petit personnage accroupi, très artistement drapé.

131 — Bois. Lion fabuleux tenant une boule entre ses pattes et une autre petite boule mobile dans sa gueule.

Pièce signée.

132 — Bois. Guerrier s'apprêtant à bander son arc. Pièce d'un très beau mouvement.

Signée.

133 — Bois. Paysan tenant une gourde à la main.

Pièce signée.

134 — Bois. Petit personnage borgne accroupi, essayant de soulever un fardeau.

Pièce signée sur ivoire.

135 — Bois. Petite femme accroupie, tenant un masque.

136 — Bois. Renard accroupi, tenant une baguette de tam-tam à la main.

Pièce signée.

137 — Bois. Petit groupe : une femme, portant un enfant sur son dos, tient un pilon dans sa main ; un autre enfant est appuyé près d'un petit baquet.

Pièce signée : *Yori-Hidé.*

138 — Bois. Guerrier tenant une lance renversée de la main droite.

Pièce signée.

139 — Bois. Petit bouton : sur une face un poisson et un panier, sur l'autre un décor de rosaces finement sculpté.

140 — Bois. Très belle pièce : petit personnage dont la figure, les mains et les pieds sont en ivoire, la robe et la chevelure sont laquées d'or sur fond noir.

141 — Bois. Petit personnage, la figure est couverte d'un masque très fin, il tient un éventail à la main ; costume laqué or ; très beau décor.

142 — Bois. Petit personnage, la figure est couverte d'un masque très fin en métal, chevelure rouge, costume laqué or.

Pièce signée.

143 — Bois. Petit personnage, à figure d'ivoire, tenant un éventail fermé à la main, très belle robe laquée or et burgautée.

144 — Bois. Petit fruit et feuillages laqués en couleur.

145 — Bois. Petit flacon aplati en laque noir très finement burgauté à rosaces.

146 — Bois. Six petits masques japonais.
Signés.

147 — Bois. Six petits masques japonais.
Signés.

148 — Bois. Femme étendue, appuyée sur son coude.
Pièce rare, originale.

NETZKÉS EN GRÈS ET EN PORCELAINE

149 — Netzké Bisen. Petite statuette représentant un enfant accroupi, pièce en grès très finement modelée, très belle patine.

150 — Netzké en faïence de Satzuma. Très joli petit groupe de deux enfants se tenant par la taille et par le cou, les deux bras sont étendus; figures très expressives.

151 — Netzké en porcelaine de Bishiou. Enfant assis tenant d'une main un petit tambour. Pièce très fine.

152 — Netzké en porcelaine de Bishiou. Tête de lion.

153 — Netzké en grès de Kioto. Petit personnage très finement modelé, couvert d'une robe. Dessin polychrome.

Pièce signée.

SCULPTURES EN IVOIRE

154 — Ivoire. Masque de théâtre avec cordons formant un nœud à la partie postérieure de la pièce et pris dans la masse.

155 — Ivoire et bois. Un lion représenté de face est enchâssé dans un rocher en bois d'ébène découpé à jour.

156 — Ivoire. Rat accroupi, avec yeux noirs rapportés.

157 — Ivoire. Netzké formé de six petits masques du théâtre japonais, finement sculptés. Cette pièce est évidée.

158 — Corne de cerf. Grenouilles accroupies sur des feuilles de nénuphar.

Signé : *Jasu-Mori.*

159 — Ivoire. Personnage accroupi sur un petit socle, son bras gauche est appuyé sur un escabeau.

160 — Ivoire. Lion de Corée assis et ouvrant la gueule.

161 — Ivoire. Petite gourde avec goulot garni en argent; elle est très curieusement décorée sur la panse d'animaux et de fleurs.

162 — Ivoire. Personnage jouant de la flûte pendant qu'un diable fait des exercices gymnastiques.

Signé : *Tomo-Shika.*

163 — Ivoire. Petit personnage accroupi dans une barque. Pièce très finement sculptée et signée.

164 — Ivoire. Renard jouant avec un tambour.

Signée : *Masa-nao.*

165 — Ivoire. Le dieu Sho-ti, tenant un glaive de la main droite, soulève un diable de la main gauche ; un autre petit diable se cache.

Signé : *Hio-gu.*

166 — Ivoire. Tigresse et son petit, très beau mouvement, robe d'une patine très remarquable.

167 — Ivoire. Petit brûle-parfums sur un rocher, le couvercle est surmonté d'un éléphant.

168 — Ivoire. Petit personnage assis sur une balle de riz et lisant un manuscrit.

169 — Ivoire. Petite boîte contenant deux autres boîtes décorées de fleurs de chrysanthèmes, laquées or et couleur et enrichies d'incrustations d'or et d'argent.

170 — Ivoire. Un des sept sages traverse la mer sur une branche de bambou.

Signé : *Tomo-Shika.*

171 — Ivoire. Petit personnage finement sculpté s'appuyant sur un grelot.

Pièce signée.

172 — Ivoire. Groupe formé d'un fong-hoang et d'un animal fantastique.

Signée *Yetsu-Ari*, très célèbre artiste japonais.

173 — Ivoire. Chimère assise, la tête surélevée.

Pièce signée.

174 — Ivoire. Une femme, tenant un tambour d'une main, et la baguette de l'autre, est accompagnée d'un enfant à califourchon sur une hache.

Pièce signée.

175 — Ivoire. Un enfant tient sur son bras droit un jouet en forme de tête de cheval.

Pièce signée.

176 — Ivoire. Deux petites perdrix sont accroupies sur une tige de graines et de feuillages.

Pièce signée : *Masa-Nao.*

177 — Ivoire. Le diable, sous le déguisement d'un serpent, s'enroule autour d'une cloche.

178 — Ivoire. Bouton représentant sur une de ses faces un personnage profondément gravé.

179 — Ivoire et métal. Bouton ; sur une de ses faces, un écran décoré d'une pivoine en relief exécutée en argent avec feuillages or et shakudo ; sur l'autre face, bouquet de fleurs très finement sculpté et découpé à jour.

180 — Ivoire. Cigale avec yeux d'écaille, montant après une tige de bambou. Pièce d'une belle patine.

Signée

181 — Ivoire. Deux petits lions de Corée jouant.

Pièce signée.

182 — Corne de cerf sculptée. Petit personnage remarquablement drapé, figure très expressive. Pièce très ancienne.

183 — Ivoire. Ho-tei, dieu de la bonté, tient un jouet qu'il donne à un enfant.

184 — Ivoire. Personnage s'apprêtant à lancer des pois à des diables; deux petits démons se cachent derrière lui.

185 — Ivoire. Petite barque très finement sculptée contenant les sept divinités de l'Olympe japonais.

Pièce signée.

186 — Ivoire. Lapin accroupi, robe curieusement gravée.

187 — Ivoire. Fruit traversé par un serpent. Très belle patine.

188 — Ivoire. Enfant accroupi sur un éléphant.

189 — Ivoire. Personnage tenant une fleur à la main.

190 — Ivoire. Personnage tenant un éventail et un masque relevé sur la tête, il est accompagné d'un enfant.

191 — Ivoire. Petite boîte en ivoire ; sur une face est gravé un enfant ; sur l'autre, un petit paysage.

192 — Ivoire. Petit personnage accroupi tenant un chapeau sur son épaule et une flûte de la main droite.

Pièce signée.

193 — Ivoire. Petit personnage assis devant une table tenant un éventail de la main gauche ; le bras droit est appuyé sur un pilon.

Pièce signée.

194 — Ivoire. Petit panier sculpté imitant la vannerie.

195 — Ivoire. Ho-tei, dieu de la bonté, portant un bâton sur son épaule ; sa besace est à une extrémité et à l'autre se trouve un enfant.

Pièce signée : *Tomo-Shika.*

196 — Ivoire. Un personnage accroupi, devant une boîte, tient le couvercle dans ses mains. Pièce très fine.

Signée.

197 — Ivoire. Un serpent enroulé fascine une grenouille.

198 — Ivoire. Femme debout tenant un panier de fleurs de son bras gauche,

199 — Ivoire. Un rat joue sur une tige de bambou.

200 — Ivoire. Le dieu Shoti enlève un diable qu'il tient par le cou et par la mâchoire.

Pièce signée : *Shéo-Ori.*

201 — Ivoire. Deux petits personnages tenant, l'un un balai, et l'autre un râteau, caressent une tortue.

Pièce signée.

202 — Ivoire. Le dieu Ho-tei tenant un bâton d'une main, et de l'autre un écran.

203 — Ivoire. Personnage portant une grenouille sur son dos et tenant un fruit.

204 — Ivoire. Guerrier tenant un sabre.

205 — Ivoire. Sirène accroupie, tenant un coquillage. Pièce très fine.

Signée.

206 — Ivoire. Groupe de trois petits diables, fuyant sous une grêle de pois. Pièce très bien mouvementée.

Signée : *Hio-gu.*

207 — Ivoire. Groupe de trois personnages, dont l'un tient un enfant sur son dos et un autre enfant par la main.

208 — Ivoire. Petite femme accompagnant un vieillard qui tient une lanterne à la main.

Pièce signée.

209 — Ivoire. Petit paysage représentant une cabane sous un arbre.

Pièce signée.

210 — Ivoire. Petit lion de Corée, sur un socle.

Pièce signée : *Giuoku-yosai.*

211 — Ivoire. Personnage accroupi devant un tamis.

212 — Ivoire. Un rat tient un haricot entre ses pattes.

213 — Ivoire. Petit groupe de deux femmes : l'une tient une chaussure à la main ; l'autre, accroupie, joue de la flûte.

Pièce signée.

214 — Ivoire. Petite femme accroupie, sortant du bain.

Pièce signée : *Tomo-Shika.*

215 — Ivoire. Groupe de trois personnages très finement sculptés.

Pièce signée : *Tomo-Shika.*

216 — Ivoire. Une femme remarquablement drapée porte dans ses bras un enfant et en tient un autre à la main. Le chapeau de la femme est en argent.

Pièce signée.

217 — Ivoire. Une déesse, tenant une fleur de lotus à la main, s'élance dans les airs.

Pièce signée.

218 — Ivoire. Le diable cherche à enlever le sabre au dieu Shoti.

219 — Ivoire. Petite pièce, décor bambou et oiseau.

Signée.

220 — Ivoire. Le diable, à genoux devant Boudha, se fait couper les cornes.

Pièce signée : *Tomo-Shika*.

221 — Ivoire. Le Dieu de la longévité, tenant un bâton d'une main et une fleur de l'autre.

Pièce signée.

222 — Ivoire. Ho-tei donne des fruits à un enfant.

223 — Ivoire. Petit personnage accroupi ouvrant une boîte.

224 — Ivoire. Le diable, caché sous la table du dieu Shoti.

Pièce signée.

225 — Ivoire. Petite femme debout, revêtue d'une robe finement décorée de rosaces gravées.

Pièce signée.

226 — Ivoire. Groupe de trois guerriers. Pièce très curieuse.

Signée.

227 — Ivoire. Petite femme accroupie, tenant une balle à la main.

228 — Ivoire. Groupe de cinq enfants.

Pièce signée.

229 — Ivoire. Groupe de quatre figures. Homme tenant une bêche, accompagné de sa femme et de ses deux enfants.

Signé.

230 — Ivoire. Diable menacé par le dieu Shoti, se cache derrière un écran. Pièce très bien mouvementée.

231 — Ivoire. Petit groupe de trois personnages : une femme accroupie, un personnage grotesque tirant la langue et un autre portant sur son dos une cage contenant un oiseau. Pièce très finement sculptée.

232 — Ivoire. Petit personnage assis sur une cloche, à côté de laquelle se trouve un singe habillé.

233 — Ivoire. Deux diables essayant de fuir sous une pluie de haricots sont tombés; l'un cherche à se garantir avec son bouclier, l'autre met les mains sur sa tête. Pièce d'une exécution remarquable et signée.

234 — Ivoire. Guerrier sur un escabeau; il tient un écran. Pièce très ancienne et très curieuse.

235 — Ivoire. Groupe de deux petits personnages, l'un écrivant, accroupi devant une table, et l'autre debout.

Pièce signée.

236 — Ivoire. Personnage grotesque tenant une fleur à la main; un petit singe grimpe après les cordons de sa ceinture.

237 — Ivoire. Une femme revêtue d'un très riche costume est accompagnée d'un enfant.

Pièce signée : *Tomo-Shika.*

238 — Ivoire. Groupe de deux petits personnages : un armurier et une princesse forgeant une lame célèbre.

Signée.

239 — Ivoire. Le diable vêtu d'un costume armorié, porteur d'une masse, s'apprête à jeter des pois à une petite femme accroupie.

Pièce signée.

240 — Ivoire. Deux personnages déroulent un manuscrit, appuyé d'une façon très originale sur le dos d'une grue. Pièce remarquablement sculptée.

241 — Ivoire. Petit écran lapis-lazuli; sur une des faces est gravée une branche de pêcher, sur l'autre un poème japonais.

Socle en ivoire très finement sculpté et évidé à jour.

242 — Ivoire. Petit personnage portant un bâton, aux extrémités duquel se balancent des grenouilles; d'autres grenouilles cherchent à l'arrêter. Cette pièce, très originale, d'un grand mouvement, est très finement sculptée.

Signée.

243 — Ivoire. Une divinité, d'un mouvement fort gracieux, est appuyée sur une petite table; elle tient un rouleau à la main. Pièce très

remarquable d'exécution et de patine et prise dans un seul morceau d'ivoire.

Signée.

244 — Ivoire. Une femme tenant un bâton à la main est accompagnée d'un enfant, costume mouvementé et d'un beau caractère; belle patine.

245 — Ivoire. Groupe composé de trois figures : Femme debout tenant un fruit et un écran, un personnage accroupi attache un coffre et un enfant porte des fruits.

Pièce signée.

246 — Ivoire. Une pieuvre a saisi une femme qui cherche à se défendre de ses tentacules. Pièce d'une grande expression.

Signée.

247 — Ivoire. Deux petits chevaux très finement sculptés. Belle patine.

Pièce signée.

248 — Ivoire. Un personnage grotesque attache sa chaussure.

Pièce signée.

249 — Ivoire. Un chat, aux yeux verts d'une expression remarquable, est drapé dans une robe qu'il relève d'une de ses griffes. Pièce très belle.

Signée.

250 — Ivoire. Groupe de deux petits personnages posé sur un socle en ivoire; l'un d'eux s'est endormi pendant que l'autre lui porte l'extrémité d'un pinceau au visage.

Pièce signée.

251 — Ivoire. Un vieillard est assis sur un buffle accroupi. Pièce très fine.

Signée : *Tomo-Shika.*

252 — Ivoire. Une femme fantôme tenant un enfant sur son sein.

Pièce signée.

253 — Ivoire. Le diable, portant une gourde à l'extrémité d'un bâton, s'adresse à une femme coiffée d'une feuille de lotus. Pièce très originale d'une grande expression.

254 — Ivoire. Un démon s'enroule sous la forme d'un serpent autour d'une cloche. Cette pièce est admirablement sculptée.

255 — Ivoire. Petit groupe de six personnages finement sculpté.

Pièce signée.

256 — Ivoire. Personnage au crâne dénudé tenant un bâton de la main droite, la main gauche est fortement crispée sur le vêtement. Pièce très ancienne, d'une expression remarquable.

Signée.

257 — Ivoire. Un singe vient de saisir une puce qu'il tient entre ses doigt, les yeux en écaille ont une très grande expression. Pièce remarquable.

Signée.

258 — Corne de cerf. Un personnage drapé est monté sur un rocher; figure très curieusement ciselée.

259 — Ivoire. Un petit rat se tient sur une tête de poisson en bois de Kiaki; pièce d'une très grande finesse. Un cachet en nacre porte la signature de Tomo-Shika.

260 — Ivoire. Pieuvre enlaçant une femme, qui, la main crispée sur la tête de l'animal, cherche à le repousser.

261 — Ivoire. Remarquable statuette représentant la déesse Ka-noun.

Pièce signée de Yori-éo, célèbre artiste qui vivait au XIIIe siècle.

262 — Corne. Petite boîte de forme lenticulaire, contenant deux cachets.

263 — Ivoire. Un bouton de forme lenticulaire en laque de Pékin, décor de fleurs et arabesques.

MANCHES DE KOTZUKA

264 — Manche en tsibuitsi damasquiné. Femme tenant une petite boîte à la main. La figure est en argent et les décors de la robe en or.

Pièce signée.

265 — Manche en fer forgé. Deux grues en argent se lèvent du milieu des roseaux.

266 — Manche en shakudo damasquiné. Un guerrier est suivi d'un homme d'armes portant sa lance.

Pièce signée.

267 — Manche en fer forgé. Un petit personnage s'avance sur la mer, porté par un roseau.

268 — Manche en tsibuitsi damasquiné. Le dieu Ho-tei, portant son bagage sur sa tête et suivi d'un enfant, traverse une rivière ; la besace et une partie du costume sont en or.

Pièce signée.

269 — Manche en tsibuitsi damasquiné. Un personnage est appuyé contre un arbre.

270 — Manche en bronze damasquiné. Tige de fruits et feuillage.

271 — Manche en tsibuitsi damasquiné. Les vagues avec des points d'or.

Pièce signée.

272 — Manche en bronze damasquiné. Divinité gravée.

Pièce signée.

273 — Manche en shakudo noir damasquiné. Oiseaux et branches de chrysanthèmes sur fond granulé.

274 — Manche en tsibuitsi damasquiné. Pêcheur détachant un poisson de sa ligne. Sujet finement ciselé sur fond granulé.

275 — Manche en bronze jaune damasquiné. Un buffle est attaché au pied d'un arbre.

Pièce signée.

276 — Manche en bronze rouge damasquiné. Tige de fruits et feuillages avec des instruments de jardinage sur un fond granulé.

Pièce signée.

277 — Manche en shakudo noir damasquiné. Une grue s'abat sur des roseaux.

Pièce signée.

278 — Manche en tsibuitsi damasquiné. Des oiseaux volent au-dessus de l'Océan ; sur le revers un arbre gravé.

279 — Manche en tsibuitsi damasquiné. Un personnage, couvert d'un riche vêtement damasquiné or et argent, s'abrite sous un parasol et regarde une grenouille sous un saule.

Pièce signée.

280 — Manche en fer forgé. Un petit personnage armé d'une sarbacane vise des oiseaux perchés sur une branche.

281 — Manche en tsibuitsi. Un paon très finement damasquiné en or de couleur se promène sur des bambous.

282 — Manche en shakudo damasquiné. Un petit personnage en relief porte deux fagots sur sa tête.

Pièce signée.

283 — Manche en fer forgé, damasquiné. Combat d'un dragon et d'un tigre pendant un orage Cette pièce très finement ciselée porte une très belle signature damasquinée en or.

284 — Manche en fer damasquiné. Pièce d'un très beau décor, or deux tons et argent.

285 — Manche en tsibuitsi damasquiné. Des poissons remontent le courant d'une rivière.

LAQUES

286 — Laque d'or du Japon. Boîte à médecine fond laqué or aventuriné à décor d'arbres, feuilles or et argent, pièce d'étoffe finement décorée, soutenue par un cordage formant une enceinte.

287 — Laque d'or du Japon. Boîte à médecine à décor de fleurs et bannières laque or incrustés de fleurs argent sur un fond orné de feuilles très finement découpées.

288 — Laque d'or du Japon. Boîte à médecine fond aventurine, décor d'oiseaux sacrés perchés sur un arbre au-dessus d'une cascade.

289 — Laque d'or du Japon. Boîte à médecine, décor paysage laqué or avec reliefs.

290 — Japon. Œuf de grue séparé par le milieu en forme de petites boîtes, décor de fleurs et oiseaux en laque d'or; intérieur laqué or.

291 — Laque d'or à dessin en couleur sous couverte (Japon) boîte en forme d'aile; intérieur aventuriné.

292 — Laque d'or du Japon. Boîte à médecine tout or, décor de grues et chevalets de cota, instrument de musique. Pièce très fine.

Signée.

293 — Laque d'or du Japon. Boîte à médecine à décor de paysage sur fond aventuriné.

Pièce signée.

294 — Laque d'or du Japon. Boîte à médecine, décor d'arbres en laque usé, grues en relief en laque or, plusieurs tons. Belle pièce.

Signée.

295 — Laque d'or du Japon. Plateau fond aventuriné, décor laque or à rehauts d'argent.

296 — Laque d'or du Japon. Petite boîte ronde tout or, décorée d'oiseaux sacrés et de fleurs; intérieur laqué aventuriné.

297 — Laque d'or du Japon. Petite boîte ronde à fond d'or et décor de dragon; intérieur aventuriné.

298 — Laque d'or sur fond noir, Japon. Petite boîte à médecine à décors d'arbres et cascades; un

coq est perché sur un tambour, sur l'autre face une poule et ses poussins.

299 — Laque d'or du Japon. Boîte à médecine avec double enveloppe découpée, décor de fleurs et de feuillages. Pièce très fine.

300 — Laque d'or du Japon. Boîte ronde décorée d'armoiries en relief sur fond pailleté; intérieur aventuriné.

301 — Laque d'or du Japon. Petite boîte carrée à angles rentrants et à trois compartiments; sur le couvercle, un dragon en relief laqué or sur fond laqué bronze; les côtés à décors variés, fleurs et ornements laqués or et argent sur fond aventuriné; intérieur laque aventurine.

302 — Japon. Petite boîte à médecine, écorce de cerisier, décor arbres et fruits en haut-relief d'or.

303 — Laque or sur fond noir. Petit brûle-parfums, décor armoiries et ornements laqués or et couvercle métal, décor de fleurs de chrysanthèmes découpé à jour.

304 — Laque noir avec rehauts d'or. Japon. Petite boîte carrée à compartiments, décor chrysanthèmes et bambou en or, deux tons, avec feuille en or métallique; intérieur aventuriné. Pièce de très belle qualité.

305 — Laque d'or du Japon. Petite boîte de forme cylindrique tout or; sur le couvercle, décor en relief or sur un fond or métallique. Pièce très fine.

306 — Petit pitong en bois d'ébène monté sur trois pieds, décor fleurs et oiseaux laque or avec incrustations de fleurs, oiseaux et papillons nacre et écaille. Pièce d'une grande finesse.

Signée.

307 — Laque d'or sur fond noir aventurine. Japon. Petite boîte de forme lenticulaire à décor de fleurs en laque d'or, deux tons, avec incrustations or métallique; intérieur aventuriné.

308 — Laque d'or du Japon. Boîte tout or forme losange, décorée sur le couvercle de deux chevaux en haut-relief d'or, deux tons; très belle qualité.

309 — Laque d'or incrusté sur fond aventurine. Japon. Petit brûle-parfums à six lobes, décor feuillages et chrysanthèmes or, deux tons; incrustations en or métallique, en ivoire et burgau; intérieur métal; couvercle argent repercé à jour. Pièce d'un grand travail.

310 — Laque d'or sur fond aventurine. Japon. Boîte forme losange, décor oiseaux sacrés à haut-relief d'or, deux tons; bordures feuillages et ornements; intérieur laque aventurine; très belle qualité.

311 — Laque d'or sur fond aventurine Japon. Petite boîte hexagonale, décor fleurs et chrysanthèmes laqué or, deux tons; le couvercle est garni d'une petite garniture argent; cette boîte repose sur un socle carré en laque d'or; même décor avec garniture en argent aux angles.

312 — Laque d'or sur fond noir. Japon. Boîte ronde à poudre de thé à décor fleurs laque or et argent; intérieur laqué or.

313 — Laque d'or sur fond laque usé du Japon. Petite boîte plate, bords arrondis, décor

fleurs laque or sur fond imitant le bois; une grecque d'or contourne la boîte; intérieur de même décor.

314 — Laque d'or sur fond noir aventuriné. Japon. Petite boîte à médecine décorée d'embarcations et de roseaux en relief laqués or.

315 — Laque d'or incrustations métal. Japon. Boîte à médecine tout or, sur chaque face un personnage très finement ciselé en shakudo et or, coulant en ambre jaune. Pièce très fine.

316 — Laque brun noir décor laque or, Japon. Boîte hexagonale à deux compartiments, décor pins et pêchers à haut-relief laqué or, incrusté or métallique; intérieur laque aventuriné; très belle qualité.

317 — Laque brun noir décor laqué or. Japon. Petite boîte carrée à quatre compartiments, décor semis de fleurs et bourgeons de cerisiers, laqués or, deux tons; très belle qualité.

318 — Laque d'or du Japon. Boîte en forme de fruit tout or, décorée d'une branche et de plusieurs feuilles contournées en laque d'or

haut-relief, couleur deux tons, incrusté or métallique; intérieur laqué or; très belle pièce.

319 — Laque noir aventuriné à décor d'or. Japon. Petite boîte de forme carrée, décorée de fleurs et de roseaux au bord d'une rivière en deux tons; le couvercle porte un petit bouton en argent; intérieur en métal.

Très belle qualité.

320 — Laque noir à rehaut de laque d'or. Japon. Petite boîte carrée à pans coupés, trois compartiments, décor d'arbres et de fleurs laqué or, deux tons, feuillages et incrustations or métallique sur une mosaïque laquée or et aventurinée. Pièce d'une très belle qualité.

321 — Laque d'or sur fond aventurine. Japon. Petite boîte à deux compartiments, décor laqué or, avec incrustations de métal et de nacre.

322 — Laque d'or du Japon. Petite boîte à trois compartiments laquée or, une bande entoure la boîte à décor d'arbustes en laque usé à plusieurs tons ; intérieur aventuriné.

Pièce signée, très belle qualité.

323 — Laque d'or sur fond noir Japon. Boîte à trois compartiments, en forme de losange à angles arrondis et rentrants; décor, une rivière en laque usé coule entre des rochers laqués or, avec incrustations métalliques, feuillages et fleurs en haut-relief d'or, deux tons; pièce très belle qualité.

324 — Laque or avec incrustations or métallique. Petite boîte à trois compartiments simulant une boîte à armures, forme quadrangulaire contournée, décor d'ornements en laque or, et or métallique; intérieur laque aventurine.

Pièce très fine d'une qualité exceptionnelle.

325 — Laque d'or du Japon. Petite boîte ronde, décor fleur de pêcher en haut-relief d'or, deux tons, sur fond noir pailleté d'or; intérieur laque aventurine.

Pièce très fine, très belle qualité.

326 — Laque couleur bois. Japon. Petite boîte à cinq lobes, décor insectes laqués couleur; à l'intérieur, décor à relief feuillage laqué or, deux tons, sur laque aventurine.

Pièce d'une très belle qualité, signée.

327 — Laque noir à décor d'or sous couverte. Japon. Boîte-écritoire, décor arbres et feuillages or et argent ; intérieur, décor de fougères laque or et chrysanthèmes en relief laqués or et couleurs.

328 — Laque brun noir à décor d'or. Japon. Boîte-écritoire, arbres et rochers en haut-relief, incrusté or métallique et tons d'argent ; dans le bas, une rivière laquée or sous couverte semée de feuillages de tons variés ; intérieur, même décor ; très belle qualité.

Pièce signée.

329 — Laque or sur fond aventuriné. Japon. Boîte rectangulaire à angles arrondis, décor oiseaux sur un rocher or mat en haut-relief.

330 — Laque or sur fond aventuriné. Japon. Boîte carrée à angles arrondis à cinq compartiments, décor de feuilles et de fruits en haut-relief laqués or ; intérieur à armoiries en deux tons et or métallique sur fond aventuriné.

Très belle qualité.

331 — Laque or incrusté sur fond aventuriné. Japon. Grande boîte à papier avec plateau, décorée

de paysages et personnages laqués or et couleurs, incrustée or et argent métallique; à l'intérieur, plantes laquées or sur fond aventuriné.

Très belle qualité.

332 — Laque or avec incrustations or métallique, décor laque or. Japon. Boîte rectangulaire à angles arrondis, décor de compartiments variés de formes à fleurs, paysages et personnages en or et couleurs sur fond pailleté; à l'intérieur du couvercle, volatiles en relief laqués or et couleurs.

Très belle pièce signée.

333 — Laque or avec incrustations d'or métallique sur fond aventuriné. Japon. Cabinet à cinq compartiments décoré de fleurs, de feuillages et de papillons en relief, laqués or deux tons; petite porte à deux battants avec garniture en argent. Il est finement décoré à l'intérieur de petits personnages en relief laque or; dans un compartiment quatre petites boîtes avec intérieur métallique, les autres compartiments garnis de tiroirs de même décor; l'un d'eux renferme une écritoire.

334 — Laque or. Deux petits plateaux de forme

rectangulaire, l'un, fond laque or à décor de fleurs de cerisiers en or métallique sur une rivière laquée argent ;

Et l'autre, petites branches de pêcher laque or sur fond aventuriné.

335 — Laque noir pailleté d'or. Japon. Boîte rectangulaire à couvercle à recouvrement décorée d'oiseaux et de rochers en couleurs et or. Elle renferme cinq petites boîtes à fond rouge, dont les côtés forment médaillons à l'aide des ouvertures réservées sur chacune des faces du couvercle. Le tout repose sur un plateau à quatre pieds.

Cette pièce fort riche est d'une très belle qualité.

336 — Laque or avec incrustations métalliques sur fond aventuriné. Japon. Petite boîte à côtés concaves, couvercle à angles abattus et coins rentrants, décor d'or représentant une rivière coulant entre des rochers sur lesquels croissent des bambous et des roseaux.

Cette pièce, d'une belle qualité, porte des armoiries.

337 — Laque d'or sur fond marron. Japon. Boîte en forme de coquille décorée d'un paysage laqué

or, deux tons; à l'intérieur, vagues en relief, laquées or sur fond d'or.

338 — Laque d'or sur fond marron aventuriné. Japon. Boîte ronde à décor représentant un vol d'oiseaux au-dessus de l'Océan, rochers en haut-relief laqués or avec incrustations métalliques.

339 — Laque noir à dessins laqués or sous couverte. Japon. Petite boîte à angles arrondis, décorée sur le couvercle à recouvrement d'une branche de fleurs; au pourtour, un ornement laqué or en plusieurs tons; intérieur aventuriné.

340 — Laque d'or du Japon. Boîte figurant deux boîtes accouplées, l'une en forme d'écran, l'autre de forme hexagonale; sur l'une, un dragon en haut-relief laqué or sur fond noir; sur l'autre, un artiste accroupi, laqué or, deux tons, vient de dessiner un dragon noir sur un paravent à fond d'or; le pourtour est en or uni et l'intérieur est en laque aventuriné.

Pièce très fine.

341 — Laque or et couleurs sur fond or mat. Japon. Boîte en forme de coquille décorée de fleurs

et de papillons en or et couleur; à l'intérieur du couvercle, un petit socle laque or et couleur, portant une tortue dont on ne voit que la queue en laque rouge.

342 — Boîte en laque de Pékin à quatre compartiments, de forme contournée et reposant sur un plateau garni d'une poignée surélevée. Elle est décorée de compartiments de paysages et de fleurs en laque rouge ciselé en relief sur fond vert.

343 — Laque or aventuriné, à décor en relief. Japon. Petite boîte rectangulaire à trois compartiments; sur le couvercle à recouvrement, un tambour laqué or et argent, sur lequel repose un coq; au pourtour, huit oiseaux sacrés; sur le côté des compartiments, courent deux bandes d'oiseaux laqués or, deux tons, sur fond noir; intérieur en laque aventuriné.

Pièce très fine.

344 — Laque d'or du Japon. Deux boîtes accouplées, l'une en forme d'écran, l'autre de forme ronde; la première est décorée de fleurs et d'oiseaux, la seconde présente une habitation et des fleurs; au pourtour, un charmant paysage, oiseaux s'élevant au-dessus d'une

rivière coulant entre des rochers et des plantes, le tout en laque d'or à relief sur fond brun aventuriné; l'intérieur est en laque aventuriné.

345 — Bambou laqué. Japon. Petite boîte ronde, sur le couvercle, armoiries formées par un oiseau aux ailes déployées en or et couleurs; à l'intérieur, un fruit rouge laqué et feuillage d'or; le pourtour est décoré d'une grecque en relief.

346 — Petite boîte de forme ronde en bois laqué, représentant des montagnes rehaussées de burgau et d'étain.

347 — Écaille. Petit cabinet de forme rectangulaire en écaille, décoré d'arbustes et de fleurs laqués or; à l'intérieur, trois petits tiroirs de même décor, et porte fermant à charnière et garnie argent.

Très belle qualité.

348 — Bois naturel. Boîte rectangulaire à angles coupés, décor de feuilles et de raisins laqués or et écaille en relief, et deux guêpes très finement découpées en écaille et nacre.

349 — Boîte rectangulaire à quatre pieds et couvercle à recouvrement, décor sculpté en relief représentant un personnage tenant un cheval; intérieur en laque aventuriné.

Pièce signée.

350 — Petite poche à tabac en bois sculpté en relief, décorée, sur une de ses faces, d'un personnage assis, et sur l'autre, d'un personnage portant une grenouille sur ses épaules. Cette pièce, très finement sculptée, est signée.

351 — Très petit cabinet fermant à une porte et contenant trois petits tiroirs en ivoire laqué en or et couleurs à fleurs et insectes; sur chacune de ses faces, une fleur a été rapportée en argent.

352 — Bois naturel laqué or. Boîte d'artiste à onze compartiments, contenant chacun un godet en pierre à bord laqué or, décor fleurs et feuillages, laque or, deux tons; à l'intérieur, sous le couvercle, un décor de pins laqués or.

Pièce de belle qualité, avec son enveloppe en soie.

DESSINS ET ALBUMS

353 — Album de dix-sept feuilles. Dessins japonais, peintures sur soie, plantes, paysages, oiseaux, animaux et personnages.

354 — Album, impression en couleurs. Les Rou-Nin.

355 — Album, impression en couleurs, contenant soixante-seize planches.

356 — Album, impression en couleurs, contenant cent soixante-seize planches.

357 — Album, impression en couleurs, contenant trente-deux planches.

358 — Album, impression en couleurs, contenant soixante-deux planches.

359 — Album, impression en couleurs, avec gaufrure et applications métal, contenant vingt planches.

360 — Album, scènes de théâtre imprimées en couleurs, contenant vingt planches.

361 — Album contenant neuf feuilles, dessins, fleurs sur papier.

362 — Album imprimé en couleurs, contenant vingt-quatre planches.

363 — Album, impressions, contenant dix planches.

364 — Album contenant douze dessins japonais finement peints sur soie.

365 à 368 — Onze kakemonos représentant des sujets variés, sur soie.

Ce lot sera divisé.

369 à 377 — Neuf lots de dessins originaux.

OBJETS VARIÉS

378 — Ivoire. Beau cippe ou pitong en ivoire sculpté, représentant des personnages dans un bois de bambous.

Haut., 25 cent.

379 — Étoffe. Robe japonaise en étoffe, brochée de couleurs variées,

380 — Étoffe. Ceinture japonaise en étoffe de soie, brochée à fleurs en couleurs sur fond brun clair.

381 — Étoffe. Coussin japonais brodé de dragons en or sur fond jaune d'or.

382 — Deux paires futchis et kashira, garnitures de sabre, décors en relief incrustés or et argent.

383 — Quatre pièces futchis et kashira, garnitures de sabre, décors en relief incrustés or et argent.

384 — Garde de sabre fer, décor lion et fleurs or et argent.

385 — Garde de sabre en tsibuitsi : sur une face, un dragon et un tigre; sur l'autre, un buffle, une chèvre et un lapin. Signée.

386 — Garde de sabre en tsibuitsi, décor, un kakemono et deux souris niellés or; sur l'autre face, une branche de pêches. Signée.

387 — Jade. Petite théière de forme ovoïde aplatie, à col droit et à panse très finement godronnée;

décor en relief, anse à branchages, garnie d'un anneau mouvant.

388 — Vitrine à trois portes en bois noir, incrustations en ivoire, fond en glace.

Haut., 1 m. 65 cent.; larg., 1 m. 20 cent.; prof., 40 cent.

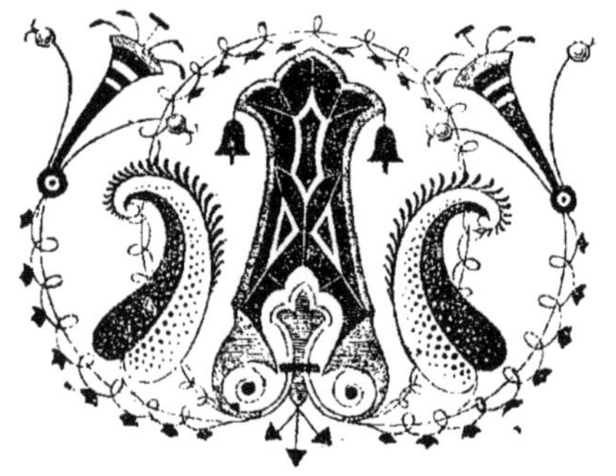

www.ingramcontent.com/pod-product-compliance
Ingram Content Group UK Ltd.
Pitfield, Milton Keynes, MK11 3LW, UK
UKHW020355180726
13839UKWH00003B/1118

9 782329 526805